LA JUIVE DE PANTIN,

Folie-vaudeville en trois actes et en vers,

IMITÉE D'UN OPÉRA TRÈS-SÉRIEUX,

Par

M. A. de Travers.

LYON.
IMPRIMERIE DE GABRIEL ROSSARY,
Rue St-Dominique, n. 1.
1836.

LA JUIVE DE PANTIN,

OU
LA FRITURE MANQUÉE,

FOLIE EN TROIS ACTES ET EN VERS, MÊLÉE DE COUPLETS,

IMITÉE D'UN OPÉRA TRÈS-SÉRIEUX ;

PAR M....

Représentée pour la première fois, sur le Théâtre du Gymnase, à Lyon, le 25 Avril 1836.

PERSONNAGES.

BALTHAZARD, juif, marchand-fripier,	M. VUESTINI.
DU'GROGNON, inspecteur de toutes sortes de choses,	M. CÉLICOURT.
POPOLD, sous le nom d'Ésaü, fils de Sigigot,	M. BARQUI.
SIGIGOT, restaurateur,	M. FÉLIX.
ROUGET, agent de police,	M. JOANNY.
RATINE, fripier,	M. AUGUSTE.
TROP-ROUSSIE, nièce du restaurateur,	Mme LEGAIGNEUR.
RACHEL, fille du juif,	Mme ADAM.
Un Fripier,	M. ROLLIN.
Un Garçon de restaurant,	M. LEGAIGNEUR.
Figurans.	

(La scène se passe à Paris.)

ACTE PREMIER.

Le théâtre représente un carrefour ; à droite du spectateur est une maison, ayant un réverbère au-dessus de la porte, avec cette inscription : *Commissaire de police* ; à gauche, une boutique de fripier.

SCÈNE Ire.

RATINE, plusieurs fripiers, ayant aux bras de vieux habits.

CHOEUR.

Air : En avant Fanfan la Tulipe.

Gloire à St-Luc, St-Cyrille,
Honorons les saints patrons
Qui protègent la famille
Des vieux habits, vieux galons !

RATINE.

Pour eux le cidre pétille,
Il fait sauter les bouchons,

Chacun de nous en bon drille
Doit s'énivrer en leur nom ;
Vidons les flacons,
Et partout chantons
Les divins patrons
Qui protègent la famille
Des vieux habits, vieux galons.

Amis, oui c'est demain que nous faisons bombance,
Nous allons secouer le joug de l'abstinence
En l'honneur de nos saints nous fêterons ce jour :
Voici trois fourreaux en velours

Que me vendit un acteur en débine ;
Le théâtre n'est pas tout ce qu'on s'imagine ;
Je les mets à la masse : et vous, cher bouracan ?

UN FRIPIER.

J'apporte ce manteau recouvert d'astracan.

RATINE.

Eh vous !..... cette capotte ? elle est un peu rapée,
Aussi vous voudrez bien y joindre les galons
Qui brillaient sur la manche où la trace est restée.
(Tous les fripiers s'approchent de Ratine, chacun soumet son offrande.)
Tout cela vaut de l'or, et de ce pas allons
L'offrir à Balthazard pour qu'il en fasse escompte.

Air : Diga Janneste.

D'puis tant d'années
Que je crie vieux chapeaux
Vieilles capottes,
Neuves ou retournées
Et tant d'oripeaux ;
Je puis, je pense,
De deux pantalons
Faire dépense,
Et par avance
J'en dépose les fonds.
(Tous les fripiers hochent la tête en se retournant, comme pour aller chez Balthazard.)

CHOEUR. (Reprise.)

Gloire à St-Luc, St-Cyrille,
Célébrons les saints patrons
Qui protégent la famille
Des vieux chapeaux, vieux galons.

SCÈNE II.

Les mêmes, BALTHAZARD, sur la porte.

BALTHAZARD.

Que veulent ces gueulards criant comme des sourds,
Autant vaudrait loger aux caisses des tambours,
Ou se voir assourdi par l'âpre mélodie
Des rossignols fameux venus de l'Arcadie.

(Il s'avance vers les fripiers.)

Quel est votre projet, détestables criards ?
A qui voulez-vous donc écorcher les oreilles ?..
Criez pour votre état, mais.....

RATINE.

Voisin Balthazard,
Vous venez à propos, exprès ou par hasard,
Nous allions vous trouver en votre friperie
Pour vous vendre ceci dont le produit sera
Dépensé pour fêter les saints de notre état.

BALTHAZARD.

Arrière, Olibrius, n'échauffez pas ma barbe ;
Raca pour tous vos saints, amers comme rhubarbe ;
Je ne vous fournis rien ; auriez-vous des satins
A cinquante pour cent et même davantage.

TOUS LES FRIPIERS.

Oh ! oh ! oh !..

BALTHAZARD.

Point de tapage.
Allez brailler plus loin et me laissez en paix.

RATINE.

Eh, de quel bois, bon Dieu, les juifs sont-ils donc faits ?

BALTHAZARD, en colère.

De celui dont Samson, d'immortelle mémoire,
Usa pour châtier l'immonde Philistin.

RATINE, riant.

C'était, je crois, une mâchoire
De bourrique ou d'ânon, le fait est incertain.

BALTHAZARD, levant la main sur Ratine.

Chien malfaisant, ta langue de vipère
Mérite une correction.....

TOUS LES FRIPIERS L'ENTOURENT.

Tout beau ! maître Lézard...

RATINE.

Songez que la rivière
Coule bien près, et qu'une immersion
Pourrait calmer votre colère !.....

BALTHAZARD.

Misérables !.. Rachel ! à la garde ! au secours !...

SCÈNE III.

Les précédens ; RACHEL sort de chez Balthazard ; ROUGET, agent de police, sort de la maison du commissaire.

RACHEL, venant lentement.

Me voici, mon cher père ; auprès de vous j'accours,
Faut-il vous assister pour servir la pratique ?

BALTHAZARD.

Il s'agit d'autres soins que ceux de la boutique ;
On veut m'assassiner......

RACHEL.

Est-il possible, hélas !...
Entre fripiers on ne se mange pas !
Ce serait un peu dur......

BALTHAZARD.

Ce sont des misérables !

ROUGET, intervenant.

Parlez plus poliment ; ces gens sont vos semblables.

BALTHAZARD.

Mes semblables ! ces gens ; vous êtes chien comme eux.

ROUGET.

Vous insultez l'agent des sûretés publiques ;
Suivez-moi promptement, de par le roi ; je veux
Vous apprendre à régler un peu mieux vos répliques.

BALTHAZARD, *exaspéré.*
Air: Ah! le bel oiseau maman.

O Jacob, entends mes accens,
Souffle sur ces Amalécites
Et qu'en deux ou trois instans
Ils soient secs comme des harengs.

RACHEL.
(Même air.)

Mon père ne criez pas tant,
Ces gens ont bu beaucoup de cidre;
Parlez-leur plus doucement
Au lieu de rugir comme une hydre.

BALTHAZARD.
(Même air.)

Hé quoi! tu prêches pour eux,
Ah! tu ne connais pas leur ame!
Ils nous feraient rôtir tous deux
Ou bouillir comme des œufs.

ROUGET.
Vieux Sarrazin, venez auprès du commissaire.

RACHEL.
Ah! M. le sergent, laissez aller mon père.

ROUGET.
Je ne le peux... Plutôt je ne le puis.
(Aux fripiers.)
Venez, marchand d'habits....

RATINE.
Avec eux je vous suis.

SCÈNE IV.
RACHEL, POPOLD, *dans le fond.*

RACHEL.

J'ai peur pour mon papa quoique dans cette affaire
Je ne connaisse rien et ne me doute guère
De ce qu'on lui fera; mais à dire à part moi,
Mon père est fort souvent à côté de la loi;
Avec la contrebande il fait aussi l'usure,
C'est pour un bon motif, du moins il m'assure.
Ruiner un chrétien c'est complaire au Très-Haut;
Et sur ce point mon père est loin d'être en défaut.
C'est un juif achevé.........
(En ce moment Popold, qui a l'air de rôder autour de la maison de Balthazard, jette son foulard autour de la taille de Rachel.)
Qu'est-ce donc qui m'arrive?

POPOLD.
Votre Ésaü brûlant, céleste et brune juive
Qui vient mettre à vos pieds.....

RACHEL.
Oh! vous m'avez fait peur,
Vraiment pour être juif vous êtes trop farceur;
Votre mine n'est pas assez israélite
Et des jeunes chrétiens vous avez la gaîté!...

POPOLD, *à part.*
Dieu de Dieu, que dit là cette chère petite?
Aurait-elle soupçon que je suis frelaté,
Dissimulons. (Haut) Rachel, je m'étourdis sur le bord de l'abîme,
Car sais-je si de moi le père Balthazard
Voudra pour votre époux sérieux et légitime,
Ou s'il me jettera comme un morceau de lard
En s'écriant raca......

RACHEL.
Pour vous, cher Ésaü,
Le raca n'est pas fait, vous êtes trop bien vu
De mon père, enchanté de ce talent utile
Dont gratis il profite......

POPOLD.
Il est peu difficile.

RACHEL.
C'est trop de modestie, et de cette vertu
J'aime à vous faire honneur, ô mon cher Ésaü.
Ainsi venez ce soir, nos voisins chez mon père
Fêteront pâque sainte à la gloire de Dieu.

POPOLD.
Je ne puis décemment me montrer en tel lieu.
Nous nous verrons ailleurs.

RACHEL.
Ah! vous ne m'aimez guère!

POPOLD.
Moi je ne t'aime pas, juive, le croirais-tu?...
Moi qui grille et qui fonds, que j'en suis abattu
Comme un canard troussé qu'on va mettre à la broche.
Moi je ne t'aime pas! oh! ta tête qui hoche
Larde mon pauvre cœur d'angoisse et de dédain
Comme on pique un filet de chevreuil ou de daim.
(Voyant l'étonnement de Rachel.)
(A part.)
Que dis-je? ma douleur trahit mon origine,
Mon désespoir sent trop l'odeur de la cuisine.
Calmons-nous, (Haut.) à tes vœux je ne puis résister;
Au banquet du papa je promets d'assister.

RACHEL, *se rapprochant.*
J'y compte.

POPOLD.
(A part.) Hélas! pour toi je deviens donc parjure,
Je suis comme un poisson noyé dans la friture.
(Haut.) Chut!......

RACHEL.
On crie dans la rue!
(A part.) (Haut.)
Peste des importuns. C'est quelqu'un qui remue

POPOLD.
Sans doute..... Mais je vois venir une cohue.
Allons donc nous cacher......

RACHEL, *regardant ceux qui viennent.*
C'est mon papa, c'est lui.
Que lui veut-on encore? il est dit aujourd'hui
Que je ne pourrai pas être un moment tranquille.

SCÈNE V.

Les précédens, BALTHAZARD, RATINE, ROUGET, DEUX SOLDATS, *conduisant Balthazard.*

RACHEL, à Rouget.

Oh papa! mon papa! Monsieur, qu'a-t-il donc fait?

ROUGET.

Air de Turenne.

Du commissaire il a troublé la bile
Et c'est pour punir ce méfait,
Et le rendre moins indocile
Qu'on va le conduire au secret.

RACHEL, *continuant le couplet.*

Le commissaire est par trop irascible,
Et pour jeter ce vieillard en prison
Il faut vraiment que sa raison
N'ait pas plus de fond qu'un vieux crible.

ROUGET.

(Chantant.)

Jeune fille aux yeux noirs, le fait est impossible,
Votre injure aurait châtiment
Si je n'étais né très-sensible;
Mais.... respect au gouvernement.

BALTHAZARD.

Ma fille, tu le vois, ton trop malheureux père
Va se voir enfermé dans la souricière.

RACHEL, à Rouget.

Non cela ne se peut, agent trop inhumain,
Tu lâcheras papa, car autrement ma main
Ira labourer ta figure
Des cinq ongles aigus que m'a faits la nature.

ROUGET, *reculant.*

Une insurrection du sexe féminin;
Mais çà ne va pas mal; (*Aux soldats.*) empoignez ce lutin.

RACHEL, *qu'on veut prendre.*

Au secours, Ésaü! j'ai bien peur qu'on m'enlève.

POPOLD *qui, depuis le commencement de la scène, a cherché à éviter les regards de Rouget, arrive en cachant sa figure.*

Laissez donc! je réponds de cette fille d'Ève.

RATINE.

Non, c'est la fille à Balthazard!
Jetons-les tous les deux dans la mare aux canards.

BALTHAZARD.

Encore un coup de pied, sec et rapé Ratine.

ROUGET, *examinant Popold.*

Mais est-ce une prisme du hasard?
Je crois connaître cette mine.
(*Il met la main sur le bras de Popold.*) Po........

POPOLD.

Ne passez pas le pô... sinon je vous occis...

SCÈNE VI.

Les précédens, DUGROGNON.

ROUGET ET RATINE, *ensemble.*

L'inspecteur Dugrognon!

POPOLD.

A sa vue je m'enfuis.

DUGROGNON.

Air: Le bon roi Dagobert.

Qu'est-ce donc que cela?
Qu'est-ce donc que ceci?
Passant tout près de là
J'entendis ce bruit-ci;
Qu'est-ce donc que cela?
Qu'est-ce donc que ceci?
J'apporte le holà
De la police ici.
De cet empoignement qui me dira les causes?

ROUGET.

Au suprême inspecteur
De toutes sortes de choses
Rouget aura l'honneur....

DUGROGNON.

Parle-donc, si tu l'oses?

ROUGET.

Certe, je l'oserai........

RACHEL, *repoussant Rouget.*

Non, vous êtes un sot, c'est moi qui parlerai.

(A Dugrognon.)

Air du Carillon de Dunkerque.

Monseigneur, c'est mon père,
Que dans la souricière
Où jamais jour n'a lui
On emmène aujourd'hui;
Cela ne lui plaît guère,
S'il faut être sincère;
Vous avez du crédit;
J'en juge à votre habit;
Je le tiens par la basque
Et le tiendrai jusqu'à ce que
Un mot vous ayez dit,
Un seul mot me suffit,
Pourvu qu'à ma prière
Il puisse satisfaire;
Votre cœur n'est pas dur,
Je l'ai touché; c'est sûr.
Je vois votre œil humide,
C'est un moment lucide
Dont il faut profiter
Afin de pardonner.

DUGROGNON, *continuant l'air.*

Vous êtes bonne fille,
En vous la vertu brille,
Comme un bouton d'acier,

Je ne suis point un glacier;
Je ferai pour vous plaire
Libérer votre père
Si sa profession
Est hors d'opinion.

RACHEL.
Mon père vend des hardes
Et de vieilles rouillardes;
Le tout est de hasard;
Il se nomme Balthazard.

DUGROGNON.
Balthazard! dites-vous? Dieu! serait-il possible?
Je le retrouverais, ô bonheur indicible!
(Il se retourne vers les soldats.)
Oui, c'est bien mon hébreux
Que depuis quatorze ans j'ai cherché par tous
  lieux.
(Aux soldats.)
J'en réponds, laissez-le; détalez au plus vite,
Et toi viens dans mes bras, errant Israélite.

BALTHAZARD, d'un air sombre, se laisse serrer.
(A part.)
J'enrage d'être vu par cet Amalécite,
Je l'avais si cru mort! (Haut.) Ô puissant Dugrognon!
Vous me croyez sans doute un Nabab en fortune;
Mais comme aux temps passés j'ai toujours du
  guignon.

DUGROGNON.
Cette réflexion me vexe et m'importune,
Je le vois à regret, mon pauvre Balthazard
Est comme aux temps passés acide et nazillard.

BALTHAZARD.
Parlez-vous de ce temps où de la contrebande.....

DUGROGNON.
Motus devant témoins, allons en ton logis
Où nous deviserons sans crainte qu'on entende;
Et d'ailleurs, pour causer j'ai besoin d'être assis.

RACHEL, qui s'est tenue à l'écart.
Pour vous je vais frotter notre plus belle chaise.
(Ils entrent tous dans la maison.)

SCÈNE VII.
ROUGET, POPOLD arrive par un côté du carrefour.

POPOLD.
Les voilà tous partis; ma foi, j'en suis bien aise,
Auprès de ma Rachel accourons sans retard.

ROUGET, lui barrant le passage.
Halte-là, volatil, je vous arrête; car
Je représente ici le traiteur, votre père.

POPOLD.
Ciel! c'est Rouget : que faire?.....

ROUGET.
M'écouter, cher Popold... le papa Sigigot

Dessèche loin de vous, ainsi qu'un pauvre rôt
Exposé trop long-temps à l'ardente fournaise,
Ou qu'un bifteck crispé sur la brûlante braise.

POPOLD, attendri.
Quoi, Rouget? mon papa se serait racorni;
Le nestor de la tourte et du macaroni
Aurait gémi de mon absence;
Hâtons-nous au plus tôt d'abréger sa souffrance.

ROUGET.
C'est d'un bon fils; venez......

POPOLD.
Ne me pressez pas tant,
J'irai vers le papa lorsque j'aurai le temps.

ROUGET.
Qu'entends-je? perdriez-vous la tête?

POPOLD.
Non, cher ami, je ne suis pas si bête;
  Ce que j'ai perdu, c'est le cœur;
Écoute ce récit, juge de mon bonheur
  Ou bien de mon malheur;
  Le tout est de s'entendre!.

ROUGET.
Que va-t-il donc m'apprendre?

POPOLD, à un fripier.
Eh, l'ami? pour deux sous prêtez votre instrument,
Je narre mieux avec un accompagnement.

Air de la Sérénade (Juive.)
  Près de ma cuisine,
  Un jour à Pantin,
  Juive tant divine
  A l'œil vif, mutin,
  D'une ardente flamme; } bis.
  Inonda mon ame
  Et depuis ce jour
  Pour ma juive jolie
  Je sèche d'amour
  Et grille tour à tour.
  Oui depuis ce jour
  Pour ma juive jolie
  J'ai de la folie;
  Oui depuis ce jour
  Pour ma juive jolie
  Je sèche d'amour.

  Loin de ma cuisine
  Elle m'entraîna;
  Loin de ma cousine,
  La nièce à papa,
  Par un subterfuge,
  Là, j'obtins refuge.
  Et depuis ce jour, etc., etc., etc.

RACHEL, paraissant à la fenêtre.
  Quelle voix entends-je?
  Serait-ce un chérubin,
  Ou bien un archange
  Cherchant un rabbin?
  Mais de ma fenêtre   } bis.
  Que vois-je paraître?

C'est mon Esaü
Que l'amour me rapporte,
C'est mon Esaü,
Gare à ma vertu,
C'est mon Esaü,
Vite ouvrons-lui la porte
Qu'il soit bien venu.

POPOLD.

C'est elle, c'est Rachel; ami, tu l'as ouïe.

ROUGET.

O fils de Sigigot! mais c'est une folie,
Songe que le traiteur est un parfait chrétien,
Que le juif entêté bien plus que l'est un chien
Ne voudra consentir à te donner sa fille,
Et puis songe à l'espoir d'une noble famille;
Voudrais-tu mutiler le cœur de Sigigot,
Celui de Trop-Roussie espérant que bientôt
Tu serais son époux; vertueuse cousine
Qui te crut amoureux de sa piquante mine.
Je sais bien entre nous qu'elle est sur le retour,
Mais elle a des écus jolis et faits au tour,
Conquis pendant vingt ans à travers la fumée
Sur le feu des fourneaux dont elle est consumée;
Te dirais-je encor plus, demain est le grand jour
Où ton noble papa doit mettre tout au four;
Pour signer le contrat il veut à la future
Offrir fait par tes mains un beau plat de friture,
Pour ce met croustillant toi seul es renommé.

POPOLD.

Dans la confusion je me roule abîmé;
J'aime, j'aime Rachel et je hais Trop-Roussie,
Je suis un scélérat digne de l'asphyxie;
Tu vois, mon cher ami, ce que c'est d'être beau,
Tu n'as pas ce malheur, toi, laid comme un corbeau;
C'est égal.... Tu diras à mon vertueux père
D'écumer sa douleur amère;
La bile partira, et moi demain matin,
Tout prêt à le servir je serai dans Pantin.
Va....

ROUGET.

Cher Popold je décampe,
Et j'y serai bientôt, car je n'ai pas la crampe.
(Il s'en va.)

POPOLD, à part.

Oh! je suis bien certain de tout son dévoûment,
Chez mon père à crédit il dîne abondamment.

SCÈNE VIII.

POPOLD, seul d'abord; RACHEL, ensuite, ouvrant la porte.

POPOLD.

Oublier ma Rachel! ah oui! le plus souvent,
Mon cœur ne peut ainsi jouer au vol-au-vent.

RACHEL.

Esaü!....

POPOLD.

Dieu! c'est elle!
Je ne résiste plus à sa voix qui m'appelle,
Me voici près de toi, cher trésor de mon cœur.
(Il va vers elle.)

RACHEL, sur sa porte.

Mon père et Monsieur l'Inspecteur!

POPOLD, s'éloignant un peu avec Rachel.

Laissons-les passer en silence,
Il me reconnaîtrait, il faut de la prudence.

SCÈNE IX.

POPOLD ET RACHEL, derrière le coin de la maison; DUGROGNON, BALTHAZARD.

DUGROGNON.

Air : Rendez-moi mon écuelle de bois.

Ainsi donc il n'est rien de certain
Sur le sort de ma fille.

BALTHAZARD.

Je saurai vous dir' demain matin
Des nouvel' de vot' famille.

DUGROGNON.

Parle, je te donne de l'or
Pour lequel ton cœur grille.

BALTHAZARD, à part.

Je l' prends pour le tromper encor.

DUGROGNON, suppliant.

Tu me rendras ma fille;
Oh! juif, en prenant mon trésor,
Tu me rendras ma fille.
(A part.)
On te surveillera, car vraiment je soupçonne
Que ma fille par lui fut soustraite en personne.
(Haut.)
Au revoir mon ancien.

BALTHAZARD.

Sans adieu... (A part.) Je le tiens,
Je veux lui dévorer jusques à sa casaque,
(Apercevant Rachel et Popold.)
A la gloire de Dieu montons faire la pâque!
(Ils rentrent.)

FIN DU PREMIER ACTE.

ACTE SECOND.

Le théâtre représente l'intérieur de l'appartement de Balthazard ; une table est au milieu.

SCÈNE Ire.

BALTHAZARD, RACHEL, TROIS FIGURANS.

BALTHAZARD.
(In vocation.)
Air de la Juive : Dieu qui nous éclaire.

O bienveillant parterre
Toi que le lustre éclaire,
O sois indulgent !
Par toi que nos bêtises
Soient toujours aussi bien prises
Que l'est ton argent.

CHŒUR.

Bienveillant parterre, etc.

BALTHAZARD.

RÉCITATIF.
{ Eh ! vous tous, enfans de la scène,
Qui, pour quelques bravos vous donnez tant de peine,
Partagez-vous ces restes de gâteau ;
Le tout est sans levain, mais vous boirez de l'eau.

CHŒUR.

O bienveillant parterre, etc.

POPOLD, *portant un morceau à la bouche.*
Pouah ! mais c'est amer autant que chicorée.
(Il le jette.)

RACHEL.
(Qui l'a aperçu.)
Que vois-je ?...
(On entend frapper à la porte.)

BALTHAZARD.
Qui vient donc troubler notre soirée ?
(A Rachel.)
Allume des flambeaux et va voir...

RACHEL.
Ah ! j'ai trop peur !

BALTHAZARD.
Qui va là !..
(Voix de dehors.)
Qu'on nous ouvre au nom de l'inspecteur.

RACHEL, *bas, à Popold, prêt à sortir.*
N'allez pas sortir seul, il faut qu'à l'instant même
Je vous parle, Esaü...

POPOLD, *voulant sortir avec elle.*
Ah ! quel bonheur extrême !

BALTHAZARD, *le retenant.*
Demeure, tu connais assez bien le bâton ;
Je le sais, et ton bras ferait changer de ton

A celui qui me voudrait battre ;
(aux autres et à Rachel.)
Et vous, passez par là, lui seul il en vaut quatre.

SCÈNE II.

Les précédens, BALTHAZARD va ouvrir la porte ; paraît Trop-Roussie, suivie de Dugrognon, portant une lanterne.

BALTHAZARD.
Entrez ! une femme avec vous, Dugrognon ?

TROP-ROUSSIE, *chantant.*
Un rossignol comptait...
Salut, mon vieux barbon !

POPOLD, à part.
Grand Dieu ! c'est Trop-Roussie ; faut avoir du guignon !
J'ai senti sous mon front bouillonner ma cervelle.
(Il se place à une table à l'avant scène gauche, tournant le dos à Trop-Roussie.)

DUGROGNON.
L'ancien ! je suis l'ami de cette demoiselle,
Très-forte sur le chant : on dirait une vielle ;
De plus, elle accommode assez bien la quenelle,
Nièce de Sigigot, le célèbre traiteur ;

TROP-ROUSSIE.
Et dont le fils Popold augmente encor l'honneur ;
C'est demain qu'à Pantin je deviens son épouse.

POPOLD.
O ciel, je suis bloqué comme en une belouse.

TROP-ROUSSIE.
(Chantant.)
Un rossignol comptait sa peine...
J'ai mis dans mon esprit de lui faire un cadeau :
Je viens vous demander quelque chose de beau :
Une broche à rôtir avec sa lèchefrite.

DUGROGNON.
Mais quel est ce jeune homme ? on dirait qu'il m'évite.

TROP-ROUSSIE, *l'examinant.*
Un rossignol comptait sa peine...

BALTHAZARD.
C'est un artiste très-fameux,
Dont le talent m'est précieux.

TROP-ROUSSIE, *allant vers Popold.*
Il va me faire voir ce qu'il faut que j'achète.

POPOLD, *tremblant.*
Aïe...

BALTHAZARD, *allant prendre dans un coin la broche et la lèchefrite.*
Non, voici votre emplette.
TROP-ROUSSIE.
Dieu! quel éclat et comme c'est luisant?
DUGROGNON.
Il te vendra trop cher, si tu l'admires tant.
TROP-ROUSSIE.
Je ne regarde rien pour celui que j'adore :
De ces deux instrumens, dites, quel est le prix?
BALTHAZARD.
Trente livres dix sous : cela vaut plus encore ;
Mais je sais me borner auprès de mes amis.
TROP-ROUSSIE, *prenant les objets.*
(*Chantant.*)
Un rossignol complait...
C'est un assez bon prix.
Air de Céline.
Oui, je veux aux yeux de son père
Le décorer de ces joyaux :
Cette broche lui sera chère ;
Je la destine aux aloyaux.
Ha! pour moi quel bonheur extrême!
O Dieu, quels rôtis succulens
Apprêtera celui que j'aime
Avec ces nobles instrumens !
POPOLD.
Air de la prison d'Edimbourg.
O! comme elle est gourmande,
Et je crois, sur ma foi,
Ma cousine plus friande
Du rôti que de moi.
TROP-ROUSSIE.
Je ne suis pas gourmande,
J'aimerai bien mon mari ;
Mais je serai friande
Toujours d'un bon rôti.
POPOLD.
O! comme elle est gourmande,
Et je crois, sur ma foi,
Ma cousine plus friande
D'un rôti que de moi.
BALTHAZARD.
Ah! quel bonheur extrême ;
Je vends ces instrumens
Trois fois leur valeur même ;
Nous sommes tous contens.
TROP-ROUSSIE.
Ah! quel bonheur extrême;
Quels rôtis succulens
Fera celui que j'aime
Avec ces instrumens.
DUGROGNON.
(*A part.*)
Vieux ladre! taisons-nous. (*haut*) Où est donc votre fille?

BALTHAZARD.
Près de quelques voisins, je pense, elle babille.
(*A part.*)
S'il a quelques soupçons, il la ferait causer.
DUGROGNON.
(*A part.*)
Vieux renard! ne crois pas si long-temps m'abuser.
TROP-ROUSSIE.
Ainsi, marché conclu, que dans la matinée
Mon emplette à Pantin avec soin soit menée !
BALTHAZARD.
Je n'y manquerai pas : avec Rachel exprès
Je prendrai le coucou jusqu'aux près St-Gervais.
(*A Dugrognon.*)
Demain vous apprendrez le sort de votre fille.
DUGROGNON.
Bien vrai? Mais quel air goguenard
En faux rayon sous sa paupière brille?
BALTHAZARD.
Ici j'en fais serment par le dieu d'Israël!
DUGROGNON.
Tout hébreux que tu sois, te bénisse le ciel!
Mais ne me trompe pas ; redoute ma vengeance.
TROP-ROUSSIE.
J'entends du bruit, notre sapin s'avance,
Partons, mon cher voisin,
Nous sommes éloignés de la rue Sarrazin.
(*Balthazard sort un instant pour accompagner, au même instant Rachel rentre.*)

⁂⁂⁂⁂⁂⁂⁂⁂⁂⁂⁂⁂⁂⁂⁂⁂⁂⁂⁂⁂⁂

SCÈNE III.

RACHEL, POPOLD.

RACHEL.
Mon père n'est plus là, je veux enfin connaître
Ce mystère.....
POPOLD.
Silence ! il va rentrer peut-être,
Et je ne puis maintenant..... mais ce soir.....
Cette nuit, seule ici... dans ta demeure
Consens à m'entendre et me voir.
RACHEL.
Qu'oses-tu demander?....
POPOLD.
Tu veux donc que je meure?
RACHEL.
Hélas! non, cher ami, j'aime à te voir vivant
Faisant tes trois repas, joyeux et bien portant.
POPOLD.
Hé bien, tu resteras?...
RACHEL.
Eh, mais pourquoi donc faire?
POPOLD.
Cela ne se dit pas.

ENSEMBLE.

ACTE SECOND, SCÈNE IV.

RACHEL.

...raiment tous les deux sans lumière ?
Mais que ne parlez-vous à l'instant ?
A monter l'escalier mon père est assez lent ;
Ainsi dites :

Air : Au clair de la Lune.

Pourquoi tout-à-l'heure
Avez-vous jeté
Le gâteau sans beurre
Que vous aviez goûté ?
D'être si difficile
Auriez-vous motif ?....
Seriez-vous un reptile
Au lieu d'être un juif ?

POPOLD, *atterré.*

Air : Je loge au quatrième étage.

Mon désespoir est gigantesque,
Je vais m'arracher les cheveux !
Hélas mon Dieu ! pourquoi donc est-ce que
Je ne suis pas ce que je veux ?
Nous nous épouserions tous deux.

RACHEL.

Qu'entendez-vous par ces paroles ?
Vite expliquez-vous, car j'y tiens.

POPOLD.

Hé bien, laissons les paraboles,
Je suis un indigne chrétien,
Avec raison tu te désoles,
Car je suis un simple chrétien.

RACHEL.

Vous, chrétien ! mais vraiment c'est une escroquerie !
Tu m'as volé mon cœur, monstre de baptisé ;
Mon papa t'occira pour l'avoir abusé,
Car mon papa de lui n'aime pas que l'on rie.

POPOLD.

Air : Femme voulez-vous éprouver.

Comment ! ton père m'occira ;
Mais alors je perdrai la vie.

RACHEL.

Fais-toi juif, il pardonnera,
Je vaux bien une apostasie.

POPOLD.

Depuis long-temps, belle Rachel,
Je t'ai fait cadeau de mon ame,
Tu peux à ton Dieu d'Israël
L'abandonner s'il la réclame.

RACHEL.

Mais pour moi je garde ton cœur.
Nous allons à l'instant tout apprendre à mon père.

POPOLD.

Gardons-nous en ; ah ! j'ai trop peur
Que dans un moment de colère
Il ne me donne un mauvais coup,
Car il gesticule beaucoup,
Le cher homme, ainsi donc prudence ;
Je l'entends, c'est lui qui s'avance.

SCÈNE IV.
Les précédens, BALTHAZARD.

BALTHAZARD.
(*A part.*)
Quel trouble j'aperçois soudain à mon aspect.
(*Haut*) Esaü !......

POPOLD.
Plaît-il là ? (*A part*) lui serais-je suspect ?

BALTHAZARD.
Avant de t'en aller faisons notre prière.
Rachel approche-toi....

RACHEL, *tremblante.*
Me voici, mon cher père.

(*Tous trois, Balthazard d'une voix forte, et les autres tremblant.*)

ENSEMBLE.
O bienveillant parterre
Toi que le lustre éclaire,
O sois indulgent,
Par toi que nos bêtises
Soient toujours aussi bien prises
Que l'est ton argent.

BALTHAZARD, *prenant Popold et Rachel par la main.*
(*A Rachel.*)
Ma fille laisse-nous mais ne te couche pas.
(*A Popold tremblant, quand Rachel est partie.*)
Esaü j'ai bon œil, mais ne t'alarme pas ;
Dans la foi d'Israël es-tu franc et sincère ?

POPOLD.
(*A part.*)
Hélas, c'est fait de moi ! que lui dire et que faire ?
Il ne me croira pas... Ciel ! son couteau pointu
S'agite en sa main meurtrière.

BALTHAZARD.
Pourquoi tâtonne-t-il ? pourquoi tâtonnes-tu ?
Tu parlais de bien près à ma progéniture.

POPOLD, *tremblant.*
C'est pour le bon motif, vieillard, je vous le jure.

BALTHAZARD.
Suffit, et dans ce cas je crois à ta vertu ;

Air : Décachetez sur ma porte.

Sans cela de mon anathème
J' te frapperais à l'instant même,
Et ma fille m'imitant
Pour venger l'affront fait à mon sang,
Bien plus fort et d'un ton fulminant
Crierait : anathème ! anathème !
Crierait : anathème ! anathème !

POPOLD.
Oh ! j'crains trop leur anathème
Et pour mes oreilles que j'aime
C'est trop étourdissant,
J' vous l' dirai tout net, c'est assommant,
Ah ! de grace ne criez pas tant :
Anathème ! anathème ! anathème !
Anathème ! anathème ! anathème !

BALTHAZARD.
Par le Dieu d'Abraham je t'adjure, Esaü;
Ouvre les deux battans des portes de ton ame.
Aimes-tu bien Rachel? en ferais-tu ta femme?

POPOLD.
Qu'entends-je? ô noble juif!
Parleriez-vous ici d'un ton approbatif?

BALTHAZARD.
Je ne biaise jamais, Rachel est sans fortune.

POPOLD.
Malgré ça je la prends, et plutôt deux fois qu'une;
Après vous, cependant, votre bien lui viendra?

BALTHAZARD.
Esaü je n'ai rien, et d'ailleurs tu sauras
Qu'elle n'est pas ma fille....

POPOLD.
   Et qui donc est son père?

BALTHAZARD.
Un inconnu pour toi; tu sauras le mystère,
L'important est de vous unir....
Car ce père est chrétien, il pourrait découvrir....

POPOLD.
Son père, dites-vous, est du sein de l'Église?
(A part.)
Ho! que j'ai bien fait d'avoir peur;
Il me croit toujours juif; nourrissons son erreur.

BALTHAZARD.
Il ne faut pas, mon fils, que cela te défrise;
Rachel en t'épousant reste juive à jamais
(A part.)
Et je serai vengé des maux que l'on m'a faits.

POPOLD.
Pour moi quel heureux sort! mais faites-moi
  connaître
Le nom de ce chrétien dont elle reçut l'être.

BALTHAZARD.
Écoute, il y a quinze ans dans les monts du Jura
Nous étions une forte bande
De gaillards commerçans, vendant, et cetera;
Bref, nous faisions la contrebande.
Un jour, ou plutôt une nuit,
Il me semble encor qu'on me suit,
Nous fûmes tous happés avec nos marchandises;
Nous avions été dénoncés
Par un maudit douanier qui partageait nos prises
Et jamais n'en trouvait assez.
On nous mit en prison, ainsi que c'est l'usage;
Nous sortîmes enfin, mais transportés de rage
Contre le scélérat qui nous avait vendus,
Et se gobergeait en famille,
Avant qu'il y songeât, on lui tomba dessus;
On lui prit tout, moi j'emportai sa fille
Qui n'avait alors que deux ans,
Et, pour compléter ma vengeance,
Elle sera ta femme avant qu'il soit long-temps.

POPOLD, à part.
C'est une atroce confidence!
Dissimulons; (Haut) cela me paraît assez-bien.

BALTHAZARD.
La justice n'y peut plus rien.
A Rachel tu feras mystère
De notre conversation,
Et c'est demain devant son père
Que je proclamerai de tous deux l'union,
Mais dès ce soir j'en fais ta fiancée.
(Balthazard va vers la porte de Rachel, et revient avec elle.)

POPOLD, seul, à demi voix.
Quel bonheur est le mien! Rachel sera ma femme,
Et chrétienne elle deviendra;
O c'est bien mieux qu'à l'Opéra.

BALTHAZARD.
Rachel ouvre les battans de ton ame,
Et franchement dis-moi, veux-tu
Que ton époux soit Esaü?

RACHEL.
Pour peu que ça puisse vous plaire,
Je vous obéirai, cher père.

BALTHAZARD, leur joignant les mains.
Dès ce moment je vous unis;
Rompez le pain des fiançailles.

POPOLD ET RACHEL; rompent le pain et mangent chacun un morceau; Rachel examine Popold.

POPOLD.
O Dieu! que ce met est exquis,
Il me rafraîchit les entrailles,
Malgré qu'il soit un peu rassis.

RACHEL.
Son appétit est de bon signe,
Et de mon cœur il sera digne.

BALTHAZARD.
Je vous bénis, jeunes époux,
Et vous souhaite la bonne année.

POPOLD.
J'en conçois un espoir bien doux.

BALTHAZARD, à Esaü.
Va te coucher... et dans la matinée
Que je te trouve au rendez-vous
Où je conduirai la petite.

POPOLD.
Où, respectable Israélite?

BALTHAZARD.
Chez le grand traiteur en renom;
A Pantin, c'est là que tu verras son père.

POPOLD, bas.
Mais dites-moi son nom?

BALTHAZARD.
   Dugrognon!

ACTES SECOND, SCÈNE IV.

POPOLD.

Quel mystère !

(Popold et Rachel sortent.)

BALTHAZARD.

Air: Rachel quand du Seigneur. (Juive.)

Oh ! Rachel ! oh ! ma fille !
. . . .
Depuis que les brigands
Dont j'étais le confrère,
Pour vexer ton papa te prirent au maillot,
J'ai passé tout mon temps
A te servir de père,
Et tout c'la gratis c'est pro deo.

(Parlant.)

Pour un juif, n'est-ce pas un très-beau dévoûment,

Et nul chrétien n'aurait agi si bonnement ;
Esaü, je le crois, rendra Rachel heureuse ;
Mais si mon espérance allait être trompeuse !

(Continuation de l'air, au motif : Saint délire !..)

A Rachel sans rire
J' dirais en délire :
Tu dois le maudire
Comme un vrai hibou,
Et tu s'ras trop bonne
Si tu ne lui donne
La couronne
Des époux.

FIN DU SECOND ACTE.

ACTE TROISIÈME.

Le théâtre représente une grande salle d'auberge, le fond est ouvert et laisse voir la cour ; à droite est l'entrée des cuisines ; à gauche, celle des appartemens.

SCÈNE Ire.

Des garçons cuisiniers vont et viennent ; POPOLD.

POPOLD, seul.

Son père est Dugrognon !
Cet ami de papa qui chérit le rognon
Sauté dans le Champagne !
Vrai ! c'est abrutissant à battre la campagne.
Mais comment en sortir deux femmes sur les bras ?
A ce jeu-là ma pauvre tête
A coup sûr sautera le pas.
Rachel et Trop-Roussie !
Oh ! j'en deviendrai bête...
Si déjà je ne le suis pas.

SCÈNE II.

Les mêmes, un garçon accourant ; POPOLD.

LE GARÇON.

Je viens, M. Popold, selon votre ordonnance,
Vous dire qu'en ces lieux le cortège s'avance,
Tout le corps des fripiers portant ses étendards,
Votre père avec eux conduit votre future.

POPOLD.

Courez à vos fourneaux, et sans plus de retards,
Dans le poêlon d'airain versez, pour la friture ;
Je fais le sacrifice aux arts
Des tourmens aigus que j'endure.

(A ce moment l'orchestre joue piano, l'introduction de chœur.)

Mais que sont les sons que j'entends ?
Cela m'a l'air d'un air du bon vieux temps ;
C'est du bon Gluck, je crois, une relique
Des oubliés, en note romantique.

SCÈNE III.

(Le cortège vient de la cour et se range dans la salle après avoir défilé devant le public.)

1° SIGICOT, grand costume de restaurateur, ayant dans la main droite une grosse brioche surmontée de deux croquets en croix.
2° TROP-ROUSSIE ;
3° RAYINE et ROUGET ;
4° DEUX FIGURANS, portant les bannières des fripiers ;
5° Des garçons de restaurant. — Suite.

CHŒUR.

Air de la Juive.

Quel jour aimable !
Jour de bonheur !
Gloire à la table
Du grand traiteur !

SIGICOT, *s'arrêtant au défilé devant le public.*

Air du vaudeville des Maris ont tort.

Si vous nous voyez sans montures,
Messieurs, arriver jusqu'ici,
C'est que le poids de nos armures
Ne nous gêne pas, dieu merci ! *(bis)*
Oui, notre excuse est toute prête :
A quoi bon mener des chevaux,
Pour assister à cette fête
Où se trouvent tant d'animaux,
Sans me compter à cette fête,
Vous voyez assez d'animaux.

TROP-ROUSSIE, *s'avançant, montrant Popold.*

Résonnez, mirlitons, que vos chants de victoire
Portent ses exploits jusqu'au ciel !
Buvez tous ! buvez à sa gloire !
Le vin de Sigigot est doux comme le miel.

POPOLD.

Ces chants-là me font mal, et pourtant je me pique

De pincer quelquefois la note de musique ;
Mais en ce moment-ci je suis par trop vexé.

TROP-ROUSSIE.

De nous complimenter vous n'êtes pas pressé ;
   Je suis pourtant votre future,
Ne m'aimeriez-vous pas ?..

POPOLD.

            Si fait, je vous l'assure.
(A part.)
   Je l'aimerais mieux loin d'ici

TROP-ROUSSIE.

   C'est heureux, Dieu merci !

SIGIGOT, bas, à Popold.

Songe, mon fils, que de cette alliance
   Dépend le sort de nos fourneaux,
   Et quoiqu'elle soit un peu rance,
Elle a dans son tiroir des écus qui sont beaux.

POPOLD, à part.

O vil appât de l'or ! quelle est donc ta puissance !
(A part.)
Si je pouvais parler au papa Dugrognon.
            (Il le cherche des yeux.)

TROP-ROUSSIE.

J'aperçois le dîner : quelle réjouissance !
Oui, je sens le fumet d'un civet à l'oignon.

CHOEUR.

   Quel jour aimable !
   Jour de bonheur !
   Gloire à la table
   Du grand traiteur !

TROP-ROUSSIE.

Resonnez, mirlitons, que nos chants de victoire
   Portent ses exploits jusqu'au ciel !
   Buvez tous ! buvez à sa gloire !
Le vin de Sigigot est doux comme du miel.
(A Ratine.)
Ratine ! c'est sur vous que je compte en ce jour ;
Vous réglerez les jeux pour fêter mon amour.

RATINE.

   Je vous prépare une surprise :
   Mais pour éviter la méprise,
   Je vous le dis, à vous qui m'écoutez ;
On va représenter les fourneaux enchantés.

DIVERTISSEMENT.

SCÈNE IV.

Les précédens, BALTHAZARD et RACHEL, arrivant par le fond ; tous vont au-devant d'eux.

POPOLD, les apercevant, entraîne Dugrognon sur un côté de la scène.

VITE.

Je vous tiens donc enfin ; il faut que je vous dise :
Je m'appelle Esaü, je suis juif en ce jour
Et j'épouse Rachel qui seule a mon amour.

DUGROGNON, étonné.

Popold, mon cher ami, ta tête est-elle prise ?
A ce que tu me dis je ne comprends un mot,
Pourtant dans notre état on devine assez tôt.

POPOLD, qui a paru craindre d'être surpris.

Vous ne comprenez pas ? Rachel est votre fille,
Et le juif Balthazard me croyant un hébreux,
Hier pour vous gausser nous fiança tous deux.

DUGROGNON, sautant au cou de Popold.

Je m'en étais douté, de bonheur mon cœur grille ;
Tu resteras mon gendre.....

POPOLD.

           Et mais que ferons-nous
De mon autre......

DUGROGNON.

         Motus, j'ai pour elle un époux ;
Mais il faut du renard déjouer la finesse.
Écoute.....
      (Il lui parle bas à l'oreille.)

POPOLD.

Je comprends, comptez sur mon adresse.
(Pendant l'aparté de Dugrognon et de Popold, le cortège s'est remis en place, Popold à côté de Trop-Roussie.)

BALTHAZARD, tenant la broche et la lèchefrite.
(A Trop-Roussie.)

C'est pour vous obéir que je viens à Pantin,
Pour arriver plus tôt je suis parti matin
Vous portant vos objets : voici d'abord la broche.
   (Il lui tend la broche par la pointe.)

TROP-ROUSSIE, faisant un pas en arrière.

Croit-il donc que je vais la mettre dans ma poche ?
      (Un garçon la prend.)

BALTHAZARD.

De plus la lèchefrite.

RACHEL, levant les yeux, voit Popold.

         O ciel ! c'est Esaü !
En croirai-je mes yeux ? est-ce lui que j'ai vu !

BALTHAZARD, voyant Esaü.
Air : J'ai vu partout dans mes voyages.

A sa parole il est fidèle,
Esaü se trouve en ces lieux.

RACHEL.

Mais sa future où donc est-elle ?
Qu'ici je lui poche les yeux.

POPOLD.

Le vieux pour lui me croit fidèle,
Son atroce œil est radieux,
Et Rachel qui me croit rebelle
A son doux œil tout furieux.

DUGROGNON.

C'est donc là ma fille, c'est elle,
Ce sont mes traits, quoique un peu mieux,
De sa mère elle a la prunelle
Et quelque chose aussi des yeux.

ENSEMBLE.

ACTES TROISIÈME, SCÈNE IV.

TROP-ROUSSIE, *se levant et prenant des mains du garçon la broche, etc., s'approche de Popold.*

Au nom de Sigigot, de son vin d'Hermitage,
Qui chez les plus capons fait naître du courage,
Célèbre praticien d'un art toujours chéri,
Recevez ce cadeau que j'offre à mon mari!

BALTHAZARD ET RACHEL.

Son mari.....

RACHEL.

Ça n'est pas!.....

TROP-ROUSSIE.

Que dit donc la petite?

RACHEL, *arrachant la lèchefrite des mains de Popold.*

Retire de ses mains ta noble lèchefrite
Et ta broche à rôtir, car c'est un séducteur
Qui ne mérite pas un tel excès d'honneur.

POPOLD, *faisant signe à Dugrognon.*

Hé! comme elle est charmante!

DUGROGNON, *bas, à Popold.*

Vraiment elle m'enchante,
Mais tu vas le montrer....

RACHEL.

Ce farceur que voilà
M'a fait la cour huit jours, il hier m'épousa!
Comme un accapareur à tous je le dénonce.

BALTHAZARD.

Mais pour ma fille il faut qu'il se prononce,
Car il est d'Israël! N'est-ce pas Esaü!

SIGIGOT.

Que dit donc ce vieillard? l'ai-je bien entendu?

TROP-ROUSSIE.

Esaü! celui qui, pour un plat de lentille,
Disposa de son droit d'aîné dans sa famille.
Oh! j'en mourrai, c'est sûr, d'une indigestion.

SIGIGOT.

Un moment; j'ai besoin d'une explication,
Car il me semble, moi, que je suis bien son père.

POPOLD.

Vous en êtes bien sûr?....

SIGIGOT.

Mais je n'en doute guère.

POPOLD.

Oui je suis Esaü de pur sang d'Israël,
Je suis juif, (*montrant Balthazard.*) il est juif, et ma future est juive,
Tel est l'événement, et quoi qu'il en arrive
Pour épouse à jamais je n'aurai que Rachel.

ROUGET, *sur un côté de la scène.*

Quelle drôle d'affaire!

(*A Dugrognon.*)

La police en ce cas n'a-t-elle pas à faire?

DUGROGNON.

Sur tout cela j'ouvre les yeux.

SIGIGOT.

Moi-même j'en deviens hébreux;
Au fait, qu'ils s'entendent entre eux.

(*Il sort.*)

TROP-ROUSSIE.

Au milieu de tout ça, je sens que je m'embrouille,
Ma tête sur mon col est comme une citrouille.

(*A Popold.*)

Avez-vous bien mâché ce que vous avez dit?
Sur votre état présent fixez donc mon esprit;
M'épousez-vous? parlez, je veux savoir la chose,
A mon âge on y tient et cela c'est pour cause.

POPOLD.

Hé bien, je serai franc au moins si je suis dur,
Je ne vous aime pas, c'est sûr,
Mais je ne sais de quel œil vous le dire,
A votre aise il faut me maudire,
Oublier le passé, reprendre le présent,
Et ne plus voir en moi qu'un futur contingent.

TROP-ROUSSIE.

Je tombe de mon haut, et j'ai cinq pieds un pouce.
Pour mon pauvre estomac quelle affreuse secousse.

DUGROGNON, *bas, à Trop-Roussie.*

Consolez-vous, et sur ma foi,
S'il ne veut pas de vous je vous prendrai pour moi,
Car sans en avoir l'air, au total je vous aime,
Et je suis encore assez bien.

TROP-ROUSSIE.

Vraiment! je vous saisis, (*A part.*) c'est toujours mieux que rien.

BALTHAZARD, *à part.*

Tout marche à bien et c'est lui-même
Qui servant mon vœu le plus vif,
Pour sa fille choisit un juif.

(*Haut, prenant la main de Rachel et de Popold.*)

Ainsi, devant l'être suprême,
Vous jurez ici d'être unis,
Devant tous ces gens réunis
Vous signerez à l'instant même
Et tous ces braves gens aussi
Ce papier timbré que voici:

(*A Esaü.*)

Remplis les noms, toi qui sais bien écrire.

(*Esaü prend le papier, regarde Dugrognon d'un air d'intelligence, et écrit.*)

RACHEL *à Dugrognon.*

Monsieur, vous êtes bon, n'allez pas tout détruire...

DUGROGNON, *bas, à Rachel.*

Ne crains rien, mon ursule est bientôt dans mes bras.

RACHEL, *à part.*

Qu'a-t-il dit, l'inspecteur, en marmotant tout bas'

BALTHAZARD, à Dugrognon.
Parle-lui de plus loin, tu ne la connais pas.

RACHEL.
Il vous a préservé de la souricière,
Pour ce fait seul je le révère.

DUGROGNON.
Bonne fille !....

POPOLD.
Messieurs, mon écrit est transcrit.

BALTHAZARD.
Nous allons tous signer, car tous, nous l'avons dit.

Air : Du vin, du vin (Juive.)

ENSEMBLE.
Au fin, jouons au fin ;
Ah ! je le tiens enfin,
Il signe de sa main
Ce morceau de vélin
Qui fixe le destin
De sa / ma fille soudain ;
Au fin, jouons au fin.

POPOLD.
J'ai signé, ma Rachel, allons, signe toi-même.
(La regardant)
Dieu ! comme elle écrit bien, mon bonheur est
extrême.

DUGROGNON.
A vous, cher Balthazard.

BALTHAZARD.
Je n'y mets nul retard.
(Il signe et donne la plume à Dugrognon.)

DUGROGNON.
Avec plaisir, car,
(Il signe.)

ENSEMBLE.
Au fin, jouons au fin.
Ah ! je le tiens enfin ;
Il signe de sa main
Ce morceau de vélin
Qui fixe le destin
De sa / ma fille soudain.
Au fin, jouons au fin.

SIGIGOT, arrivant tout empressé.
Mon fils, à tes fourneaux vois le feu qui pétille ;
La friture frémit et le poisson frétille.

POPOLD.
Il faut auparavant signer ce papier-ci.

SIGIGOT.
Pourquoi ?

POPOLD.
C'est pour mon hyménée.

SIGIGOT.
Contre qui, mon garçon ?

POPOLD.
N'en prenez nul souci.

SIGIGOT.
Mais quelle fiancée ?

TROP-ROUSSIE, conduite par Dugrognon.
J'ai signé ; c'est pour son bonheur.

SIGIGOT.
Je signe alors..

UN GARÇON, accourant.
Not'chef, la friture est manquée.

SIGIGOT.
Qu'entends-je ! c'en est fait de notre renommée.
Ah ! j'en mourrai, c'est sûr, de honte et de douleur.

BALTHAZARD, d'un air de méchanceté satisfaite.
Maintenant tout est fait, je te rendrai ta fille,
C'est elle que tu viens de donner à ce juif.

DUGROGNON, jouant l'étonnement.
Là ! ce que tu me dis, est-ce bien positif ?

BALTHAZARD.
Voici, pour le prouver, tes papiers de famille.

DUGROGNON.
Permets que je t'étreigne, ami trop généreux !
Tu viens réaliser le plus cher de mes vœux ;
Car il n'est pas un juif, ma fille est catholique.

RACHEL.
Sur ce mystère il faut que je m'explique ;
Car je voudrais ici que chacun fût heureux ;
Au lieu de disputer, entendez-vous tous deux.
De tout deux je serai la fille,
Un bon cœur n'est-il pas de toute religion ?
C'est ici mon opinion,
Et je la dis sans crainte qu'on me grille.

DUGROGNON.
Elle a bien dit, et quant à moi,
Voici ma main, mets-y la tienne :
Du juif je respecte la loi.

BALTHAZARD.
Je prends ton amitié chrétienne.

POPOLD, à Balthazard.
Vieillard, vous avez bien agi,
Recevez ma parfaite estime ;
Je suis à votre égard comme un fils légitime.

RACHEL, au public.
Air : Depuis long-temps j'aimais Adèle.
Non loin de vous, une autre juive,
Aux accens si purs et si beaux,
D'une voix touchante, expressive,
Ne peut attendrir ses bourreaux.
Comme elle je ne veux pas frire,

Comme elle je ne puis chanter ;
Je ne suis juive que pour rire,
Pour rire, ah! daignez m'écouter.
CHŒUR.
Air: Et lon lanla gens de la noce.
La farce est bien jouée,

Et long-temps à Pantin,
A gorge déployée,
L'on rira du rabbin.
Ah!.. ah!! ah!..

FIN DE LA JUIVE DE PANTIN.

S'adresser, pour la musique de cet ouvrage, à M. Monzot, compositeur de musique, attaché au Théâtre du Gymnase, rue d'Égypte, n° 1, à Lyon.
On trouve, à la même adresse, celle de tous les vaudevilles joués sur les théâtres de Paris.

Lyon, Imprim. de G. Rossary.

www.ingramcontent.com/pod-product-compliance
Lightning Source LLC
Chambersburg PA
CBHW061958070426
42450CB00009BB/2061